Le mot Tao (Dao d'après la nouvelle transcription chinoise en pin yin) recouvre en fait plusieurs notions. Littéralement, il signifie "la Voie" mais aussi "doctrine" dans le sens d'un ensemble de lois morales aptes à régler le comportement humain. On le trouve pour la première fois employé dans le Tao-Te-King, le classique de la Voie et de la vertu (ou de la force), ouvrage de quatre-vingt-un chapitres et de 5 000 caractères qui auraient été rédigés au VIe siècle avant notre ère par le sage Lao Tseu. Ce livre présente le Tao comme le principe essentiel qui préexiste au ciel et à la terre, une énergie ineffable et indescriptible qui embrasse toutes choses. Le Tao crée le Te, qui est force et existence ce qui revient à dire que le vide originel crée, engendre, tous les phénomènes temporels.

Sur ce constat de base et sur ce livre, se fonde le taoïsme, terme générique employé en Occident pour définir indifféremment deux courants de nature différente, l'un philosophique, le Tao-Chia et l'autre religieux, le Tao-Chiao : ce dernier devint religion populaire en Chine et en

Asie avec rites, préceptes, cérémonies, exercices de santé, sacrifices en l'honneur des divinités et esprits immortels. Le taoïsme philosophique, qui nous intéresse plus particulièrement ici, a lui pour but de parvenir à l'union intérieure avec le Tao, donc avec l'origine des choses, en conformant son action et sa pensée à sa nature profonde à l'aide de pratiques de méditation et d'un comportement marqué par la spontanéité, la simplicité et le naturel.

Ces taoïsmes historiques ont profondément marqué la culture chinoise en influençant aussi bien la médecine que l'art de gouverner, celui d'aimer et de vivre, le confucianisme, le bouddhisme ch'an et tout l'art poétique et pictural qui en reflète directement les principes. On peut aussi dire que l'esprit du Tao exerce de nos jours encore, et malgré toutes les révolutions et évolutions, une grande influence non seulement sur la pensée du peuple chinois mais sur nos modes de fonctionnement occidentaux : on a vu ainsi fleurir ces dernières années des ouvrages sur le Tao de la psychologie, le Tao du "management", le Tao de l'amour... le plus célèbre d'entre eux étant le Tao de la physique, best-seller du physicien des particules élémentaires Fritjof Capra. La raison de cet engouement ne se trouve pas seulement dans un quelconque besoin d'exotisme cérébral mais dans *le fait que le concept du Tao recouvre une notion qui manque singulièrement à l'intellect occidental : celle de la résolution des contradictions et de l'unité des contraires. Il est magnifiquement représenté dans le taoïsme par l'image du Yin et du Yang, ce couple d'énergies opposées (plus et moins, jour et nuit, ciel et terre, mâle et femelle...) dont l'alternance et l'interaction donne sans cesse naissance à la création. De ces manifestations bipolaires du Tao naquirent, d'après les Chinois, les Cinq Éléments et les Dix Mille Êtres. Mais on peut ajouter que les deux principes fondamentaux sont en mutation perpétuelle à l'intérieur de chaque être comme au sein de l'univers. Seule leur réunion permet la réalisation du Tout qui, pour l'individu, est plénitude d'être.*

Pour nous, qui avons l'habitude d'opposer les tendances en termes contradictoires (Bien / Mal, Noir / Blanc...), cette philosophie de la réconciliation est une donnée utile à intégrer dans nos schémas de pensée et de comportement : comprendre le Tao revient à devenir sage.

Marc de Smedt

S'intérioriser sans exagération
S'extérioriser sans démesure
Savoir se tenir au juste milieu
Ce sont là trois éléments d'essor.

Tchouang Tseu
IIIe siècle av. J.-C.

Bambous.

Trente rayons se joignent au moyeu de la roue
Qui permet l'usage du char dans l'espace.

On pétrit l'argile pour en faire un vase
Mais sans le vide interne
Quel usage en ferait-on ?

Portes et fenêtres sont percées
Pour bâtir une chambre
Seul le vide en permet l'usage.

L'être crée des phénomènes
Que seul le vide permet d'utiliser.

Lao Tseu

L'Empereur Wou-Ti.

13

Savoir

Et se dire que l'on ne sait pas
Est bien.
Ne pas savoir
Et se dire que l'on sait
Conduit à la difficulté.

Être conscient de la difficulté
Permet de l'éviter.

Le sage ne rencontre pas de difficultés
Car il vit dans la conscience des difficultés
Et donc, n'en souffre pas.

Lao Tseu
Tao Te King
(VIe siècle av. J.-C.)

Studio d'un lettré.

On déclare que la voie est vaste
   Et ne ressemble à rien.
   En effet, vaste,
   Elle ne ressemble à rien.
   Ressemblerait-elle à quelque chose,
   Elle deviendrait vite bien petite.

J'ai trois trésors
   Que je garde et chéris.
   Le premier est amour
   Le second, frugalité
   Le troisième, humilité.
   Plein de compassion on peut se révéler généreux.
   Humble, on peut arriver à se diriger.

Mais être courageux sans compassion
   Généreux sans sobriété
   Chef sans humilité
   Mène à la mort.

Par la compassion
   On peut triompher dans l'attaque
   Et demeurer imbattable durant la défense.
   Le ciel porte secours
   À celui qui est doué de compassion.

Lao Tseu

Devant la cascade.

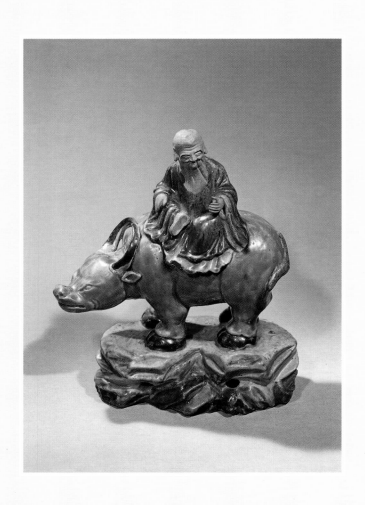

Gouverner un grand pays
Revient à cuire un petit poisson.

Lorsque l'empire est dirigé en accord
Avec la voie
Les énergies perverses perdent de leur puissance
Car, bien qu'actives,
Elles influencent moins les hommes.

Si les énergies perverses ne sont pas nuisibles
Au peuple
De même l'esprit du sage ne nuit pas.
Naturellement
Si ces deux influx ne se nuisent pas
Leurs forces s'unissent.

Lao Tseu

Lao Tseu sur son buffle.

Le Mont Hua.

Qui connaît les autres a l'intelligence
Qui se connaît lui-même a le discernement
Qui triomphe des autres est fort
Qui triomphe de lui-même possède la force

Qui sait se contenter est riche
Qui sait persévérer est volontaire
Qui sait demeurer est stable
Qui vit la mort jouit d'une longue vie

Lao Tseu

Plein du seul vide
Ancré ferme dans le silence
La multiplicité des êtres surgit
Tandis que je contemple leurs mutations.

La multiplicité des êtres
Fait retour à sa racine.
Revenir à sa racine
C'est atteindre le silence.
Le silence permet de trouver son destin.
Retrouver son destin renoue avec le ferme.
Renouer avec le ferme amène l'éveil.
Ne pas connaître l'éveil
Conduit à la confusion.

Connaître l'éveil
Ouvre à l'impartial
L'impartial s'ouvre au royal
Le royal s'ouvre sur l'éternel
L'éternel coïncide avec le tao
Qui fait un avec la voie du tao
Rien ne peut l'atteindre
Même la mort.

Lao Tseu

Peuple des campagnes faisant accueil au Dragon.

La mort et la vie, l'existence et la non-existence,
Le succès et l'échec, l'aisance et la pauvreté,
La vertu et le vice, la sagesse et l'ignorance,
La louange et le blâme, la soif et la faim,
Le chaud et le froid, se suivent,
Se transforment sans cesse et forment le destin.
De même, jours et nuits se succèdent
Sans qu'on puisse savoir depuis quand.
Mais tous ces événements ne doivent perturber
Ni le corps ni l'esprit :
Il suffit jour après jour de garder son calme,
De vivre en paix avec les autres,
De s'adapter aux circonstances et, ainsi,
De développer ses dons naturels.

Tchouang Tseu

Deux esprits en harmonie.

Une fois, moi, Tchouang Tseu, je rêvai

Que j'étais un papillon voletant de-ci, de-là,

Butinant, satisfait de mon sort et ignorant

Mon état humain.

Brusquement je m'éveillai et me retrouvai,

Surpris d'être moi-même.

À présent je ne sais plus si je fus un homme

Rêvant d'être un papillon

Ou si je suis un papillon rêvant d'être un homme.

Entre le papillon et moi existe une différence :

C'est ce qu'on appelle la mutation constante.

Tchouang Tseu

La sieste du lettré.

SOUS LA PLUIE

VOIR LE SOLEIL BRILLANT

DANS LES FLAMMES

BOIRE À LA SOURCE FRAÎCHE

Anonyme

Calligraphie chinoise.

雨中看果日
火裏酌清泉

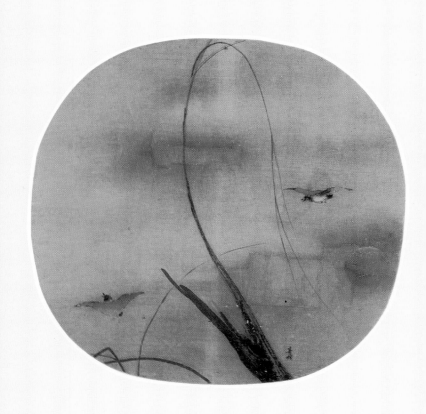

*A*insi donc, le savoir-faire c'est l'entretien de la vie.
Ne pas manquer d'observer les quatre saisons
et de s'adapter au froid et au chaud,
d'harmoniser allégresse et colère
et d'être tranquille au repos
comme dans les actions,
de régler le YIN/YANG
et d'équilibrer le dur et le mou.

*D*e cette façon, ayant écarté la venue des pervers
ce sera la longue vie et la durable vision.

Le Lingshu
Traité de médecine chinoise
(époque Song)

Oiseaux à la branche de saule pleureur.

Alors qu'il se rendait au Chu, Confucius vit à l'orée d'un bois un bossu qui attrapait des cigales avec une baguette aussi sûrement que s'il les cueillait.

Confucius : – Tu es bien adroit. As-tu une méthode ?

Le bossu : – J'ai une méthode. Je me suis exercé cinq à six mois à maintenir deux boules sur la baguette. Lorsqu'elles ne tombèrent plus, il m'arrivait encore de manquer quelques cigales. Lorsque trois boules ne tombèrent plus, je manquais une cigale sur dix. Lorsque cinq boules ne tombèrent plus, j'attrapais les cigales comme si je les cueillais. Je maintiens mon corps immobile comme une souche plantée au sol et tiens mon bras inerte comme une branche desséchée. Que m'importent la grandeur de l'univers et la multitude des êtres : je ne connais que les ailes des cigales, ne me retourne ni ne me penche, n'échangerais pas une aile de cigale contre tous les êtres. Comment échouerais-je ?

Confucius (se tournant vers ses disciples) : – Il vise un seul but, concentre son esprit ; n'est-ce pas là une description de notre vieux bossu ?

Le bossu : – Toi qui portes une longue et ample robe, comment sais-tu questionner ? Cultive en toi ce qui te le permet et je t'en dirai davantage.

Li-Tseu
Le vrai traité du vide parfait
(Ve siècle av. J.-C.)

Le poète Lin Pu errant au clair de lune.

On appelle continuité ce qui délivre les choses de leur torpeur et les met en mouvement. On appelle changement ce qui confère une autre forme en les ajustant les unes aux autres. Quant à ce qui les exalte pour les rendre accessibles à tout homme sur la terre c'est ce qu'on appelle le domaine de l'action.

Yi King
"Grand Commentaire"

Paysage.

Le bon général a gagné la bataille

avant de l'engager.

Le mauvais général combat dans l'espoir

de vaincre.

Sun Zi
L'art de la guerre
IIIe siècle av. J.-C.

Cavaliers au printemps.

Cavalier et son cheval.

*La parole et l'action sont des moyens
mis en œuvre par l'homme accompli*

pour mouvoir le ciel et la terre.
Pourrait-il en user sans discernement ?

Confucius
IVe siècle av. J.-C.

Vous dites que les Six Classiques représentent le soleil et que les ignorer plonge dans la nuit éternelle. Pour moi, le Palais de Lumière n'est qu'une vulgaire paillote, la récitation sacrée, un langage de fantômes, les Six Classiques une terre inculte, la Bonté et la Justice, pourritures puantes ; au moindre écrit, les yeux me brûlent, prosternations et courbettes me rendent bossu, insignes et tenues rituelles me donnent des crampes, les débats protocolaires me font grincer des dents : tout cela, je le rejette en bloc et, avec tous les êtres, je retourne au Commencement.

Si K'ang
Critique de *Il est naturel d'aimer l'étude*
de Tchang Chou-liao (IIIe siècle)

Shih Te riant sous la lune.

Les traces des anciens sur des rocs millénaires

Mille aunes d'à-pic face au point du vide !

Au clair de lune, blancheur immaculée,

Ne cherchez pas en vain de tous côtés !

Han-Chan
fin du VIe siècle

Paysage.

Juger de quelque chose,

c'est faire la lumière sur ce qu'on voit.

Parler, c'est exprimer ce qu'on a dans le cœur.

Si l'on est réellement capable, on le paraît.

Il est un proverbe qui dit :

« À quoi bon ergoter, il vaut mieux écouter. »

Wang Fu (90-165)

Une soirée chez Han Hsi-tsai.

Chants taoïstes

Un luth et un poème suffisent à mon bonheur.
Errer au loin est un trésor,
Empli de la Voie que je parcours seul
Vers la fin du savoir et du moi.

Tranquille et sans soucis,
Pourquoi chercher autrui ?
Je suis un habitant des montagnes magiques
Qui réjouit sa pensée et nourrit son esprit.

Si K'Ang

Li Po chantant un poème.

Soir d'automne en montagne

Dans la montagne vide après la pluie nouvelle
Le soir est au temps d'automne –
Éclats de lune blanche entre les pins,
Flot de source claire sur les rochers.

Au retour des lavandières, bruissent les bambous ;
Les lotus ondulent au passage du pêcheur.
S'évanouissent à leur gré les parfums du printemps :
La noblesse du cœur en prolonge l'essence.

Wang Wei (701-761)

Devant la montagne.

*Rendant visite à un moine de la montagne
et ne le trouvant pas*

le chemin de pierre pénètre dans un val rouge
le portail en sapin est recouvert de mousse
sur les marches désertes, des traces d'oiseau
personne dans la salle de méditation
je regarde par la fenêtre,
et distingue une longue brosse blanche,
accrochée au mur, couverte de poussière,
je pousse un long soupir,
et avant de repartir, décide de rester ici un moment
de la montagne s'élèvent des nuages parfumés,
une pluie de fleurs tombe du ciel
j'entends maintenant la musique du ciel,
résonne le cri des singes
j'en oublie soudain les affaires du monde,
accordé ici au paysage alentour

Li Po
VIIIe siècle

Singes dans un arbre.

50

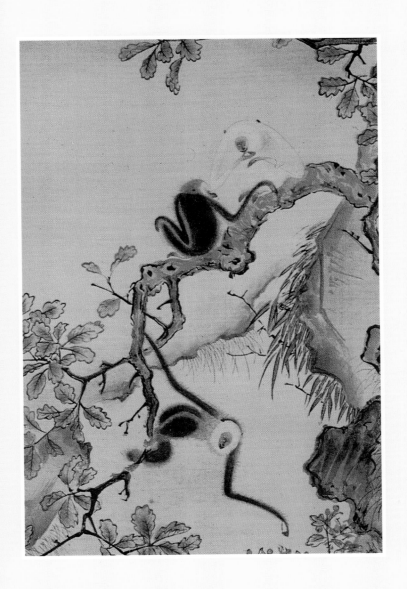